莉燦馮《リサフォン》

ギターソロのための

12の日本の歌

Licanfeng

12 Japanese Songs

for Guitar Solo

GG586

（株）現代ギター社

GENDAI GUITAR CO.,LTD.
1-16-14 Chihaya, Toshima-ku, Tokyo, Japan

緒言／ Preface

日本の歌……それは、美しい日本語の歌詞を伴う豊かな旋律であり、日本人なら誰もが幼少の頃から慣れ親しんだ心の故郷です。そして､その気品と格調高さは胸を張って世界に誇れる芸術と言えるでしょう。また、音楽的な側面では、数種の音階、大胆な跳躍進行、歌詞を伴う変拍子、西洋和声の影響など、簡素な中にも多角的な味わいを持ち、いずれも日本音楽ならではの独自のスタイルとして確立されています。

さて、クラシックギター界における“日本の歌”ですが、これまでに国内外で優れた編曲作品が存在しています。しかし、ギタリストとしての現場主義的な視点で描かれた独奏作品は意外に少なく、難易度が高い、ギターに不向きな音並びで弾きづらい、ギター本来の響きが不十分、簡素過ぎて演奏会では使いづらい、などのケースがあり、私自身もギタリスト時代から適度な編曲作品がないものかと思い続けていました。この度の「12の日本の歌」の編曲依頼は、これまでの問題点を解決すべく、私にとりまして大変責任の重い仕事と受け止め、これまでの日本の歌の編曲にない幅広く愛好されるような位置づけとして定着する内容を目指し、満を持して約3年の歳月をかけて編曲作業を行ないました。

選曲においては、曲集全体に日本の四季を味わえるように各季節3曲ずつ選曲し、童謡、唱歌、歌曲、民謡、詩歌と多岐に渡っています。また、演奏における難易度は、比較的簡単なものから、一定の時間をかけて練習しなければならないものまで様々ですが、いずれもギター本来の美しい響きとギターの機能性を活かした無理なく演奏できる編曲としており、特殊奏法も適度に含め、愛好家からプロ演奏家まで幅広く楽しんでいただける内容です。なお、本曲集全12曲は、演奏会において1曲のみ取り上げていただくことは勿論ですが、全12曲演奏していただいても可能なように、調設定や速度設定をはじめ、楽曲構成、特殊奏法等、諸要素を敢えて多岐に渡るように配慮しています。

演奏においては、楽譜を一見すると難しそうに思える曲もありますが、ご熟読いただければギターの機能性に沿った覚え易い内容であることがお解かりいただけると思います。また、手が小さい方にとっては、左手の広がり方に少々苦労されることもありますが、ご自身に適した運指を工夫されてください。一方、演奏表現においては、これらの楽曲が西洋音楽の影響を受けていることを少なからず意識することは必要ですが、やはり日本の音楽であることに変わりありません。日本人のみなさんには、西洋音楽的なアプローチに留まらず、日本人としての感性に自信を持って堂々と演奏していただきたいです。

最後に、この度の曲集が多くのクラシックギター関係者に愛奏されるとともに、日本人として誇るべき素晴らしい旋律が世界中に広まることを願っています。また、この度の貴重な編曲作業の機会を与えていただきました（株）現代ギター社様に心より厚く御礼申し上げます。

2016年（平成28年）9月

莉燦馮

編曲者プロフィール／ Profile

莉燦馮《リサフォン》

Licanfeng

1994 年エリザベト音楽大学大学院音楽研究科修士課程首席修了。

17 歳より作曲を濵口賢策氏に師事。

33 歳より本格的にギター作品に着手、国内外演奏家へ楽曲提供の他、TV 番組および映画音楽担当、CD、楽譜等出版。'13 ねんりんピック（全国健康福祉祭）よさこい高知閉会式音楽担当等、各種音楽祭に協力。

音楽教育者としても門下から多数のギタリストを輩出する他、音楽理論、音楽史、ソルフェージュ、作曲、編曲、合唱等、その教育内容は多岐に渡る。

その他、国際コンクール審査員歴任、演奏活動においては国内外で独自の世界観と音楽性を追求。

各種メディア出演及び執筆活動を展開し、若手育成とともに幅広く音楽文化振興に携わっている。

☆ Facebook「Canfeng Li」にて最新情報更新中。

目次／ Contents

春が来た

作曲 岡野貞一
編曲 莉燦馮

C.2
C.9
C.7
arm.12
C.3
D.S.
Coda
C.10
meno mosso
C.7
p
arm.12
rit.
molto accel.
cresc.
Allegro
C.6
C.8
f
poco accel.
pizz.
allarg.
a tempo
cresc.
C.7
arm.12
sf
ff

朧月夜

作曲 岡野貞一
編曲 莉燦馮

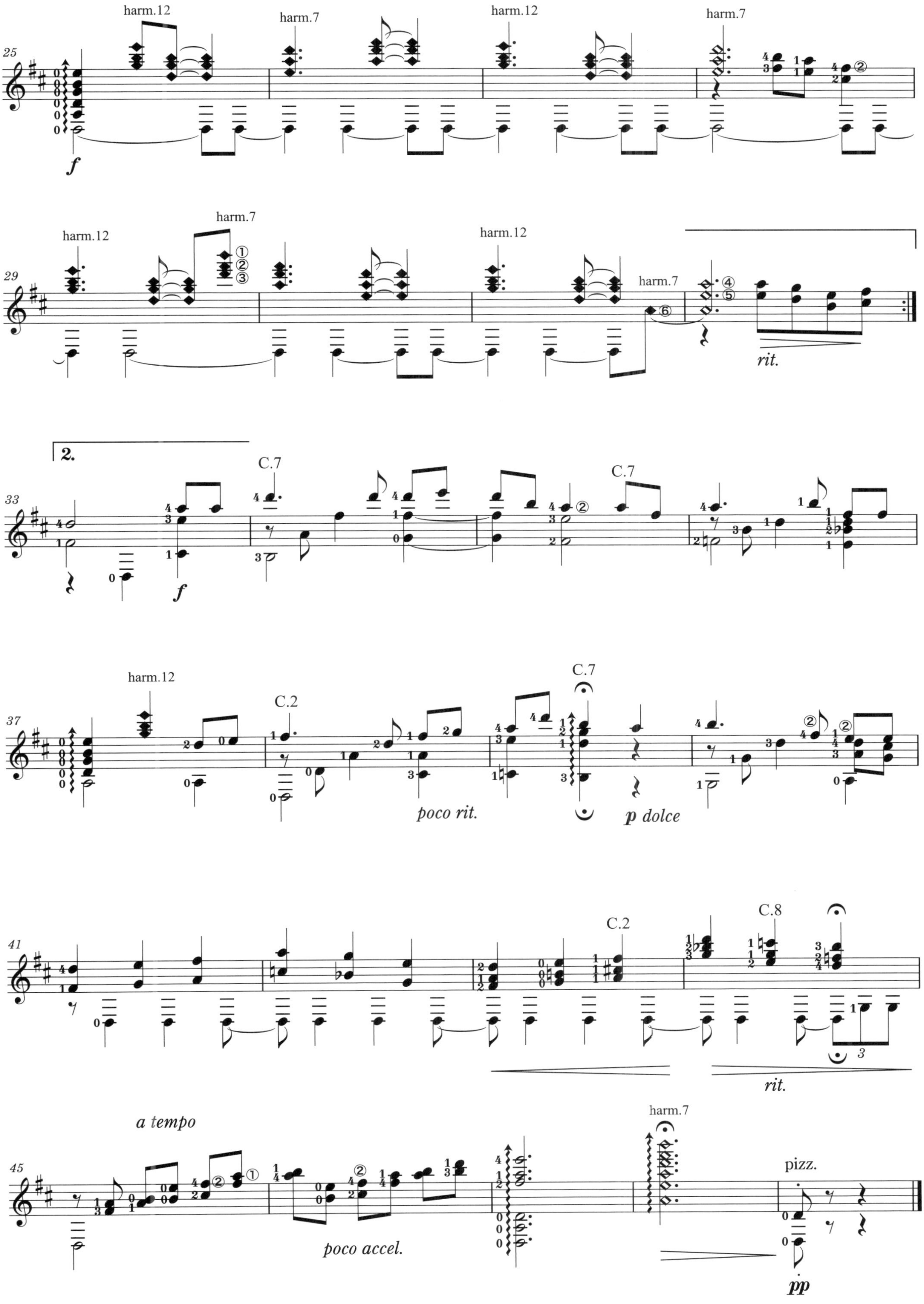
harm.12
harm.7
f
rit.
2.
C.7
poco rit.
p dolce
C.2
C.8
a tempo
poco accel.
pizz.
pp

荒城の月

作曲 瀧 廉太郎
編曲 莉燦馮

2.
C.2
C.4
C.7
mf
C.3
C.2
f
C.4
C.6
C.7
ff
arm.12
p
poco rit.
a tempo
mf
C.9
rit.
pizz.
p
8va. arm.
pizz.
8va. arm.
mp
arm.19
Meno mosso
p
arm.12
arm.12
arm.7
arm.5
arm.7
f
tr
pizz.
pp

このページは譜めくりの都合を考慮して空白にしています。

This Page has been left blank interntionally.

夏の思い出

作曲 中田喜直
編曲 莉燦馮

てぃんさぐぬ花

沖縄県民謡
編曲 莉燦馮

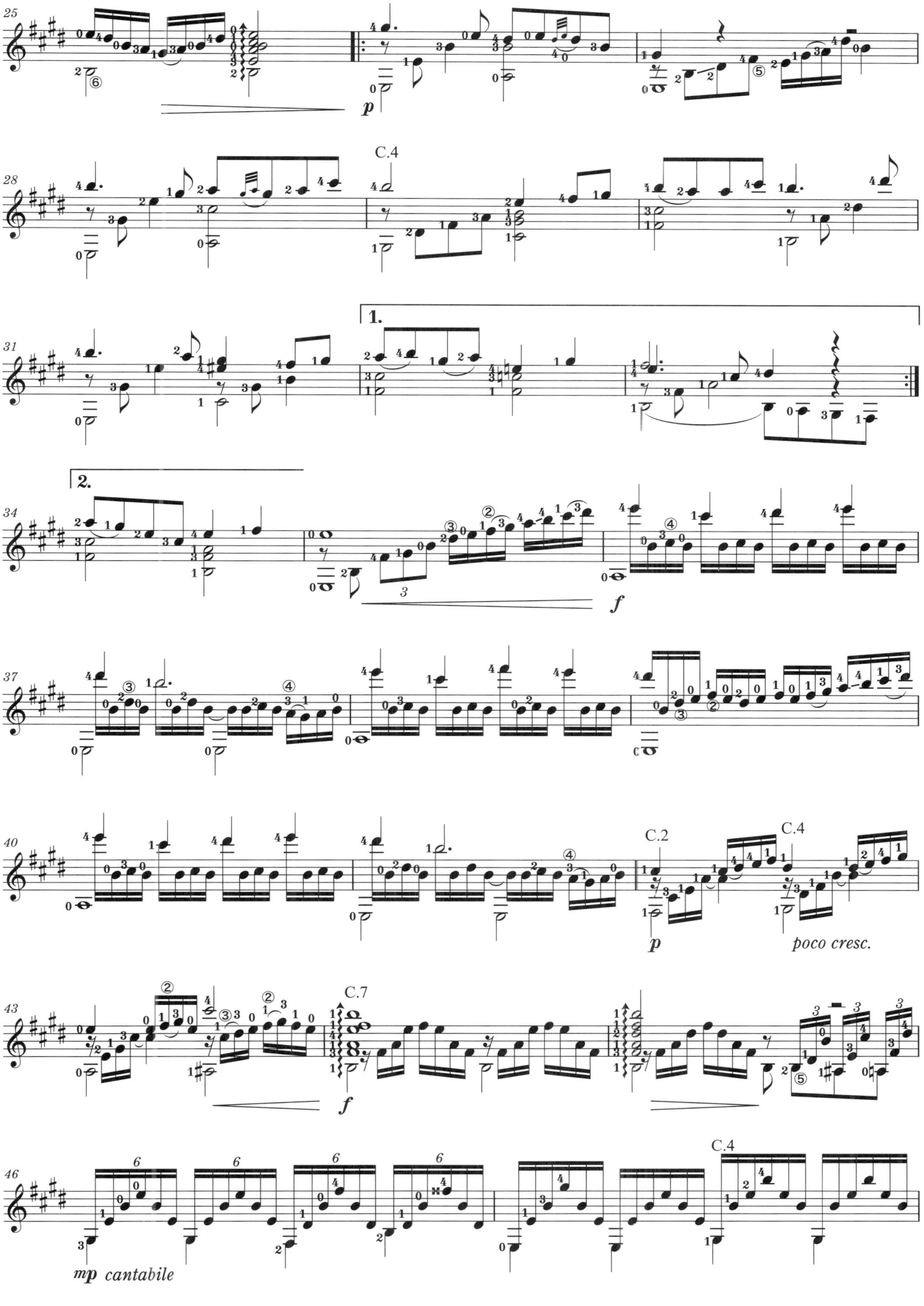
C.4
1.
2.
C.2
C.4
poco cresc.
C.7
C.4
mp cantabile

48
C.2
50
mf
52
54
56
58
ff
60
62
rit.

arm.7
rit.
dim.
D.S.
Coda
poco rit.
C.7
Tempo I
p
pizz.
mp
rit.
a tempo
C.2
C.4
poco cresc.
C.2
arm.7
cresc.
poco rit.
arm.12
pp
C.9
arm.25
arm.21
arm.22
mp
rit.
ppp

宵待草

作曲 多 忠亮
編曲 莉燦馮

a tempo
mp
simile
p
arm.12
arm.12
arm.12
pp
arm.7
C.5
mf
C.5
1.
C.5
C.3
C.5
C.3
2.
C.5
p
rit.
stringendo
arm.12
C.1
sf
p
arm.12
arm.19
arm.15
arm.19
molto rit.
pizz.
pp

このページは譜めくりの都合を考慮して空白にしています。

This Page has been left blank interntionally.

ちいさい秋みつけた

作曲 中田喜直
編曲 莉燦馮

七つの子

作曲 本居長世
編曲 莉燦馮

Andante

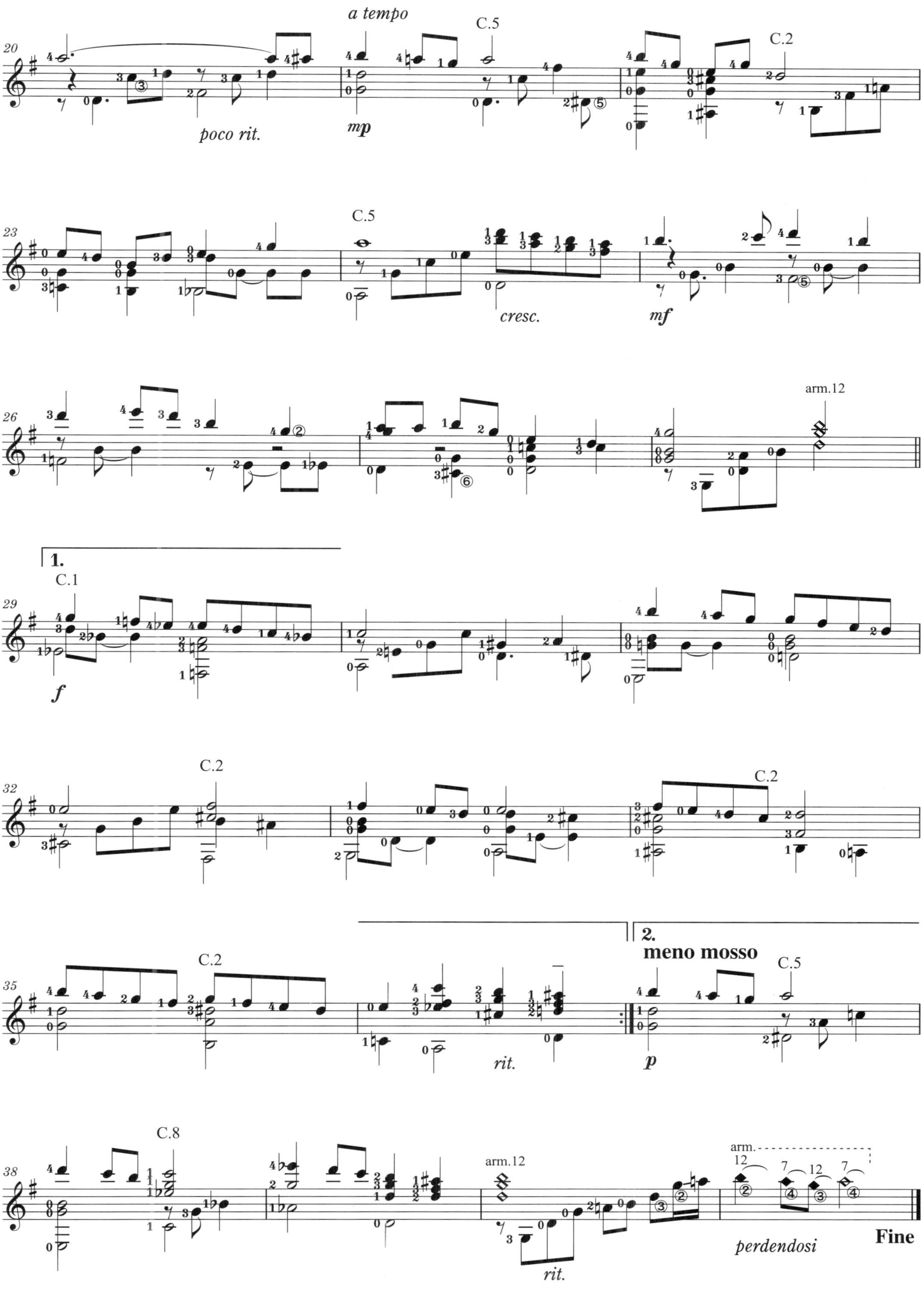
a tempo
C.5
C.2
poco rit.
mp
cresc.
mf
arm.12
1.
C.1
f
2.
meno mosso
rit.
p
C.8
arm.
perdendosi
Fine

赤とんぼ

作曲 山田耕筰
編曲 莉燦馮

poco rit.
arm.12
C.7
arm.12
arm.12
Coda
C.2
C.5
rit.
pp
arm.12
a tempo
C.5
p
cresc.
f
C.7
C.9
ff
poco rit.
p
rit.
tr
ppp

冬景色

文部省唱歌
編曲 莉燦馮

C.7
to
1.
poco cresc.
mf
poco rit.
2.
C.9
f
poco cresc.
arm.12
arm.7
arm.12
C.9
pp

62
66
p
70
arm.12
rit.
arm.12
D.S.
Coda
74
8va. arm.
8va. arm.
mp
poco rit.
79
a tempo
pizz.
p
poco cresc.
84
a tempo
f
allarg.
ff
89
meno mosso
poco dim.
rit.
p
poco rit.
94
a tempo
arm.
arm.12
pp
rit.

このページは譜めくりの都合を考慮して空白にしています。

This Page has been left blank interntionally.

たきび

作曲 渡辺 茂
編曲 莉燦馮

to 𝄌
C.9
mp
1.
2.
poco rit.
mf
rit.
Lento
C.3
p
C.3
C.8

C.10
C.7
mp
poco rit.
poco accel.
D.S.

Coda
Presto
rit.
cresc.
sf
pp
molto cresc.
f
accel.
C.1
ff
C.3
C.6
molto rit.
8va. arm.
arm.
p
sf

雪の降るまちを

作曲 中田喜直
編曲 莉燦馮

f
C.8
to
1.
arm.12
poco rit.
mp
C.2
C.1
2.
C.9
arm.12
D.S.

Coda
44
mp
47
50
53
rit.
meno mosso
p
a tempo
56
59
molto
ff
C.7
arm.7
arm.12
arm.7
rit.
p

作品解説／ Explanation（莉燦馮）

[春の歌]

1. 春が来た

鳥取県出身の作曲家兼音楽教育家の岡野貞一（1878-1941）の童謡です。明るく爽やかな旋律は、幸福感溢れる春の訪れと豊かな自然を感じさせてくれます。歌詞は、短いフレーズをリズミカルに繰り返す親しみ易い内容であり、日本人ならこの歌を耳にするだけで子供の頃の記憶が蘇るのではないでしょうか。

編曲にあたっては、コンサートや発表会において取り上げやすいようコンパクト且つ効果的に盛り上がるように仕上げています。また、D-dur（ニ長調）により、春が訪れる幸福感や開放感を表現しており、低音域は軽やかで爽やかな響きにしています。演奏においては、そのような春らしい響きが発揮されるとともに、最後の技巧の見せ場は堂々と、鮮やかに演奏してください。

2. 朧月夜

「朧月夜」……それは、春の夜の霞んだ月。世代を問わず、日本人の誰もが認める岡野貞一の代表作です。日本的な季節感を表現した美しい詩と、ついつい口ずさみたくなるような流麗な旋律が多くの人々に支持されるのでしょう。また、昭和33年当時の文部省の教育的配慮も関係しており、同年改訂の学習指導要領から「小学校音楽共通教材（歌唱）」を開設し、日本全国の子どもが共通に歌える歌として指定され、成人後も日本人の誰もが生涯心に残る歌として定着することになりました。また、近年はポップス界でも度々取り上げられており、今後は更に幅広いジャンルに拡がりを見せる歌となるのではないでしょうか。

3. 荒城の月

七五調の歌詞と西洋音楽の旋律が融合した瀧 廉太郎（1879-1903）の日本を代表する歌曲です。一般的に知られる旋律3小節目4拍目の音を原曲より半音下げたバージョンは、同じく日本を代表する作曲家、山田耕筰（1886-1965）によるもので、日本的にするため、歌いやすくするためなどの理由によると言われています。

編曲においては、その山田耕筰による旋律を採用し、ギターとして美しく響くh-moll（ロ短調）により和声付けを行ないました。全体的には、重厚感と日本的繊細さを併せ持ち、演奏会のプログラムに気軽に取り上げられるような作品として仕上げています。

[夏の歌]

4. 夏の思い出

学校音楽教育で歌い継がれる中田喜直（1923-2000）の唱歌です。編曲においては、原曲のピアノの伴奏音型の姿を残しており、ギタリストにとって多少不慣れな箇所もありますが、全体的にはギターらしさを発揮出来るようなアプローチで編曲作業を進めました。原曲の響きと味わいを保つために、左手を少し広げる音遣いがありますが、自然な流れとなるようじっくりと練習してください。また、最後の借用和音となるCメジャーコードは意表を突くような響きですが、演奏者のセンスにより自由なニュアンスを研究すると良いでしょう。

5. てぃんさぐぬ花

2012年に沖縄県の県民愛唱歌「うちなぁかなさうた」に指定され、今日では沖縄を代表する民謡となっています。

「てぃんさぐ」は鳳仙花のことで、沖縄県では古くから鳳仙花の汁を爪に塗って染めると悪霊除けの効果があると信じられていたそうです。実際の歌詞は10番まであり、親や年長者の教えに従うことの重要性を説く教訓歌となっています。

編曲においては、沖縄音階の使用はもちろんのこと、その豊かな自然と雄大さを表現するためにE-dur（ホ長調）を選択しました。また、旋律が簡素なこともあり、新たな旋律を付け加え、聴かせどころが多いギター独奏作品として仕上げています。演奏においては、幻想的な味わいとともに歌として口ずさめるようなテンポ設定にしてください。また、6連音符のアルペジョは、技巧的な演奏に偏らず、歌心を大切にした流麗な演奏を心掛けてください。なお、最後のハーモニックスは二声による人工的ハーモニックスです。細やかな技術ですが、頑張って練習してください。

6. 宵待草

大正期のヴァイオリン奏者兼作曲家であった多 忠亮（おおの ただすけ 1895-1929）の作曲により一世を風靡した詩歌です。作詞は画家兼詩人の竹久夢二（1884-1934）ですが、実ることなく終わったひと夏の恋によってこの詩は創られました。また、最近のニュースとして、夢二が晩年ハワイで描いたとされる日本画「宵待草」が発見され、その情緒溢れるタッチに加え、余白に宵待草の歌詞がしたためられており、それは、この楽曲の心情をこれまで以上に味わうことができる貴重なニュースだったと言えるでしょう。

演奏においては、6/8拍子の深みのある旋律は、大正ロマンを想わす独特の雰囲気であり、ギターならではの味わい深い表現が可能だと思います。イントロおよび前半部は、音色の使い分け、微妙な強弱変化、ヴィブラートの速度等が演奏表現を決定づける要素となるので、何度も弾き込んで研究してください。また、後半部のトレモロにおいてもテンポにあまり縛られず、ルバート等の工夫も併せ情感豊かに歌い上げてください。

[秋の歌]

7. ちいさい秋みつけた

日本の秋を歌う代表的な童謡として知られる中田喜直の作品です。秋の訪れを感じさせる繊細な感傷さが日本人の心の奥底を擽られ、ついつい口ずさんでしまう魅力があります。また、この曲は、日本の歌としては比較的多彩な和声で彩られており、これまでになかった日本の歌としての新鮮味を残すように仕上げています。

演奏においては、イントロの各装飾音は重くなりがちですが、秋風を想わすようなさり気なさと軽やかさを大切に弾いてください。また、時折登場する低音の旋律は、たっぷりとした重低音となるようアポヤンドで弾きましょう。全体的には、歌心を大切に、情感のこもった豊かな演奏表現を心掛けましょう。

8. 七つの子

本居長世（1885-1945）が作曲した日本の童謡の中でも最も広く知られた1曲です。歌詞に出てくる「七つ」の意味には諸説ありますが、単に「幼い」という意味を含ませた例え言葉が有力とされ、「七羽」のことでも「七歳」のことでもないようです。

演奏においては、生命線となる旋律を豊かに歌い上げることを最優先し、様々な表情として現れる和声の変化も感じながら演奏してください。なお、曲の最後のハーモニックスは、旋律のモチーフであるとともに、G9コードの響きの両面の意味を持たせています。今回の曲集で最もギタリスト的感性でアレンジした作品です。

9. 赤とんぼ

夕暮れ時に赤とんぼを見て、故郷に思いを馳せるという、郷愁にあふれた日本を代表する童謡です。作曲者の山田耕筰（1886-1965）は、日本語の抑揚を活かした旋律で多くの作品を残しており、この〈赤とんぼ〉もそれに数えられる1曲です。しかし、旋律の「赤とんぼ」の「あ」の箇所が「言葉の抑揚が旋律線と異なるのでは……?」と思われますが、当時の言葉の抑揚は旋律の通りであったようで、当時の抑揚に忠実に旋律が作られています。

編曲においては、この歌が持つ雰囲気と素朴さから、極力簡素な音遣いを心掛け、ギター本来の美しい響きを大切にしています。特に、単旋律のみの部分は、音色の変化、ルバート、ヴィブラート等を有効に活かしましょう。

演奏においては、様々な形で現れる旋律の表現を工夫し、演奏者として個性が発揮されるよう研究してください。

[冬の歌]

10. 冬景色

時の流れを忘れさせてくれるような静寂な冬景色……一面に広がる美しい銀世界は日本の冬の醍醐味と言えるでしょう。さて、この〈冬景色〉は文部省唱歌であり、作詞者および作曲者不詳の歌曲です。歌詞の内容は、水辺の朝、田園の昼、里の夕方など日本の冬の景色を歌っており、2007年（平成19年）に「日本の歌百選」にも選ばれています。

編曲においては、冒頭の自然ハーモニックスを印象的に用いる他、主題の味わいを活かすために音の響きを敢えて簡素にしています。演奏においては、落ち着いたテンポ設定により、旋律の歌心を十分に発揮し、楽曲全体の表現のバランスを工夫してください。また、前奏や後奏は様々な冬景色の情景をイメージして情感豊かに演奏してください。例えば、カデンツ風の下降形アルペジョは神秘的なダイヤモンドダストのように……

11. たきび

作曲家兼教育家である渡辺 茂（1912-2002）のこの童謡は、1941年（昭和16年）のNHKのラジオ番組により楽曲が発表されました。この曲の素朴な旋律は子供の声の声域を考慮し、全体的に歌いやすい高さにまとめられており、世間で大きく広まったのではないかと言われています。

編曲においては、イントロ部は主題のモチーフを用いており、聴き手には最初から曲のイメージが伝わるようにしています。主題においては、借用和音や変化音などの細やかな変化には十分味わいを持ってください。また、中間部はd-moll（ニ短調）に転調しますが、テンポ設定はもちろんのこと、音色の変化や和声進行を意識した演奏を心掛けてください。エンディングは壮大な盛り上がりとなります。力強く、そして、演奏者としての技巧の見せ場として自信を持って弾き切れるよう十分に練習を重ねましょう。

12. 雪の降るまちを

中田喜直作曲によるこの歌は、1951（昭和26年）年にNHKラジオで放送された連続放送劇の挿入歌として用いられたのが最初でした。作曲者がこの歌を作るに際しては、山形県鶴岡市の知人宅から見た降雪風景がこの旋律を紡いだと言われており、現在も毎年2月に行なわれる「鶴岡音樂祭」でフィナーレにこの曲が歌われるそうです。また、これまでに様々な歌手によって歌われる他、作曲者自身による女声合唱、混声合唱の編曲も存在し、更なる拡がりを見せています。

編曲においては、原曲の4/4拍子を、ギターの機能性として旋律及び伴奏音型を無理なく融合させるにあたり、一見小難しそうには見えますが、同じ4拍子系である12/8拍子としてまとめました。この歌の雰囲気と各声部の響きを大切にするために、技術的に無理のないテンポ設定をし、整理された演奏を心掛けてください。

莉燦馮《リサフォン》 編曲

ギターソロのための

12の日本の歌

GG586

定価［本体1,800円＋税］

Licanfeng
12 Japanese Songs
for Guitar Solo

2016年9月25日初版発行　　2021年6月1日第2版発行
発行元● 株式会社 現代ギター社
〒171-0044 東京都豊島区千早1-16-14
TEL03-3530-5423　FAX03-3530-5405

カバー装丁● マンサーナ
浄書・版下● オフィス・ノリフク
印刷・製本● シナノ印刷 株式会社
コード番号● ISBN 978-4-87471-586-4　C3073 ¥1800E

1-16-14 Chihaya, Toshima-ku, Tokyo 171-0044, JAPAN
https://www.gendaiguitar.com
1st edition : September 25th, 2016　　2nd edition : June 1st, 2021
Printed in Japan